Schenk dir
Zeit für die
Seele

Schenk dir Zeit für die

Seele

Gute Gedanken für dich

benno

Bibliografische Information der
Deutschen Nationalbibliothek
Die Deutsche Nationalbibliothek verzeichnet diese
Publikation in der Deutschen Nationalbibliografie;
detaillierte bibliografische Daten sind im Internet über
http://dnb.d-nb.de abrufbar.

Gern informieren wir Sie unverbindlich und aktuell
auch in unserem Newsletter zum Verlagsprogramm,
zu Neuerscheinungen und Aktionen.
Einfach anmelden unter www.st-benno.de

Besuchen Sie uns im Internet unter:

www.st-benno.de

ISBN 978-3-7462-5660-3

© St. Benno Verlag GmbH, Leipzig
Zusammenstellung: Volker Bauch, Gößnitz
Umschlaggestaltung: Ulrike Vetter, Leipzig
Gesamtherstellung: Kontext, Dresden (B)

Inhaltsverzeichnis

Möge deine Seele
Erfüllung finden

Guter Rat

An einem Sommermorgen
Da nimm den Wanderstab,
Es fallen deine Sorgen
Wie Nebel von dir ab.
Des Himmels heitere Bläue
Lacht dir ins Herz hinein,
Und schließt, wie Gottes Treue,
Mit seinem Dach dich ein.
Rings Blüten nur und Triebe
Und Halme von Segen schwer,
Dir ist, als zöge die Liebe
Des Weges nebenher.
So heimisch alles klinget
Als wie im Vaterhaus,
Und über die Lerchen schwinget
Die Seele sich hinaus.

Theodor Fontane

Der Bau unserer Seele

Gibt es für uns eine bessere
und reizvollere Aufgabe
als den Bau unserer Seele auszuführen?
Wie herrlich,
dass wir alles, was dazu nötig ist,
die Steine, den Architekten, die Maurer
und den Bauplan, gefunden haben!
Wie wundervoll ist unser Architekt,
der ewige Vater, in dem alle Weisheit,
Wissenschaft und unendliche Güte ruht!

Katharina von Siena

Gebet für die Seele

Schenke mir eine gute Verdauung, Herr,
und auch etwas zu verdauen.
Schenke mir Gesundheit des Leibes
mit dem nötigen Sinn dafür,
dass ich ihn möglichst gut erhalte.
Schenke mir eine heilige Seele,
die im Auge behält, was gut und rein ist,
die sich nicht einschüchtern lässt
vom Bösen, sondern Mittel findet,
die Dinge in Ordnung zu bringen.
Schenke mir eine Seele,
der die Langeweile fremd ist,
die kein Murren kennt,
kein Seufzen und Klagen,
und lasse nicht zu, dass ich mir zu viele
Sorgen mache um dieses Etwas,
das sich so breitmacht und sich „Ich"
nennt. Schenke mir den Sinn für
freundlichen Humor.
Gib mir die Gnade, einen Scherz
zu verstehen, damit ich ein wenig Glück
finde im Leben und
anderen davon weitergebe.

Thomas Morus

Dein gutes Wort

Ich wünsche,
dass dein Glück
sich jeden Tag erneure,
dass eine gute Tat
dich jede Stund erfreue!
Und wenn nicht eine Tat,
so doch ein gutes Wort,
das selbst im Guten wirkt,
zu guten Taten fort.
Und wenn kein Wort,
doch ein Gedanke schön und wahr,
der dir die Seele mach und
rings die Schöpfung klar.

Friedrich Rückert

Ohr des Herzens

Was gibt es Schöneres
als die Stimme des Herrn,
der uns einlädt?
Seht, in seiner Güte
zeigt uns der Herr
den Weg zum Leben.
Öffne das Ohr deines Herzens!
Hören wir mit aufgeweckten Ohren!

Benedikt von Nursia

Frieden für die Seele

Lebe in Frieden mit Gott,
wie immer du ihn jetzt für dich
begreifst; und was auch immer
deine Mühen und Träume sind,
in der verwirrenden Unruhe
des Lebens.
Halte Frieden
mit deiner eigenen Seele.

Irischer Segenswunsch

Sorgfalt für die Seele

Dieselbe Sorgfalt wie auf
den Körper muss man auf
die Seele verwenden.
Meist denkt man nicht daran
und verletzt sie.
Warum das?
Warum ihr nicht Linderung
verschaffen wie dem Körper?

Therese von Lisieux

14

Hinweis

Wenn du ausgebrannt bist,
dann handle wie folgt:
Nimm ein warmes Bad!
Schlafe ausgiebig!
Führe ein gutes Gespräch
mit einem Freund!
Denk nach!
Dann sieht die Welt
schon anders aus.

Thomas von Aquin

Ruhe bewahren

Ich will versuchen,
nichts aufzuschieben,
was dringend zu erledigen ist,
mir aber die Ruhe bewahren,
die nötig ist,
damit etwas gelingt ...
Wer die Dinge übereilt,
kommt nie weit.

Johannes XXIII.

Licht in der Welt

Du lieber Gott,
und wenn man auch
allen Sonnenschein wegstreicht,
so gibt es doch noch den Mond
und die hübschen Sterne
und die Lampe am Winterabend –
es ist so viel schönes Licht
in der Welt.

Wilhelm Raabe

17

Das Beste

Was machen mit diesem „angebrochenen Tag"? Ich tat das Beste, was man, sobald diese Frage überhaupt auftaucht, tun kann: Ich warf mich aufs Bett und schlief. Man sollte im Leben, ganz besonders aber auf Reisen, viel häufiger davon Gebrauch machen, als es geschieht. Warum unterbleibt es? Weil die wenigsten unter uns mit dem Philistrismus vollständig gebrochen haben und immer neunhundertneunundneunzig unter tausend wie eine ewige Kükeneierschale die Vorstellung mit sich herumtragen, dass man um zehn oder elf zu Bett gehen und um sechs oder sieben aufstehen müsse. Wenige haben den Mut zu essen, wenn sie hungert, noch wenigere den Mut zu schlafen, wenn sie müde sind.

Theodor Fontane

Freude

Freude soll
nimmer schweigen
Freude soll
offen sich zeigen
Freude soll
lachen, glänzen und singen
Freude soll
danken ein Leben lang
Freude soll
dir die Seele durchschauern
Freude soll
weiterschwingen
Freude soll
dauern ein Leben lang

Joachim Ringelnatz

Erfülltes Leben

Vielerlei brauche ich zu einem
erfüllten Leben:
Freunde, mit denen ich Glück
und Unglück teilen kann,
leidenschaftliche Liebe,
geistige Ansprache
und den Luxus der Einsamkeit.

Anne Ranasinghe

Vom Guten

Sonnenschein ist köstlich,
Regen erfrischt,
Wind kräftigt,
Schnee erheitert.
Es gibt kein schlechtes Wetter,
es gibt nur verschiedene Arten
von gutem.

John Ruskin

Ich weiß es,
und ich weiß es nicht

Was also ist die Zeit?
Wenn mich niemand darüber fragt,
so weiß ich es;
wenn ich es aber jemandem
auf seine Frage
erklären möchte,
so weiß ich es nicht.
Das jedoch kann ich
zuversichtlich sagen:
Ich weiß,
dass es keine vergangene Zeit gäbe,
wenn nichts vorüberginge,
keine zukünftige,
wenn nichts da wäre.
Wie sind nun aber
jene beiden Zeiten,
Vergangenheit und Zukunft,
da ja doch die Vergangenheit
nicht mehr ist,
und die Zukunft noch nicht ist?

Aurelius Augustinus

Wohlwollen ausströmen

Die Seele ist wie ein Wind,
der über die Kräuter weht,
wie der Tau,
der auf die Wiesen träufelt,
wie die Regenluft,
die wachsen macht.
Desgleichen ströme der Mensch
ein Wohlwollen aus
auf alle,
die da Sehnsucht tragen.
Ein Wind sei er,
der den Elenden hilft,
ein Tau,
der die Verlassenen tröstet.
Er sei wie die Regenluft,
die die Ermatteten aufrichtet
und sie mit Liebe erfüllt
wie Hungernde.

Hildegard von Bingen

Geduld

Sie sind so jung, so vor allem Anfang,
und ich möchte Sie, so gut ich es kann,
bitten, lieber Herr, Geduld zu haben
gegen alles Ungelöste in Ihrem Herzen
und zu versuchen, die Fragen selbst lieb
zu haben wie verschlossene Stuben und
wie Bücher, die in einer sehr fremden
Sprache geschrieben sind. Forschen Sie
jetzt nicht nach den Antworten, die
Ihnen nicht gegeben werden können,
weil Sie sie nicht leben könnten. Und es
handelt sich darum, alles zu leben.

Rainer Maria Rilke

Antwort

Leben Sie jetzt die Fragen. Vielleicht leben Sie dann allmählich, ohne es zu merken, eines fernen Tages in die Antwort hinein.

Vielleicht tragen Sie ja in sich die Möglichkeit zu bilden und zu formen, als eine besonders selige und reine Art des Lebens; erziehen Sie sich dazu, – aber nehmen Sie das, was kommt, in großem Vertrauen hin, und wenn es nur aus Ihrem Willen kommt, aus irgendeiner Not Ihres Innern, so nehmen Sie es auf sich und hassen Sie nichts.

Rainer Maria Rilke

Frieden

Unser Glück und Seelenfrieden
beruhen darauf, dass wir tun,
was wir für richtig
und angemessen halten,
und nicht, was andere sagen oder tun.

Mahatma Gandhi

Gott finden

Pausen der Stille
in meinem Leben,
ich brauche sie.
Sie helfen mir,
Kräfte zu sammeln,
mich auf das Wesentliche
zu besinnen,
zu mir selbst
zu finden und –
Gott zu finden.

Anselm von Canterbury

Bild des Himmels

Bietet das Meer
alle seine Kraft auf,
vermag es dennoch
das Bild des Himmels
nicht widerzuspiegeln.
Selbst die geringste Bewegung
des Wassers,
und es spiegelt den Himmel
nicht mehr klar.
Aber wird es still und tief,
senkt sich das Bild des Himmels
in sein Nichts herab.

Søren Kierkegaard

Tiefe des Wesens

Man kann Königreiche
gewinnen oder verlieren,
aber die Seele rührt sich nicht,
und man kann nichts tun,
um sein Schicksal zu erreichen,
aber zuweilen wächst es
aus der Tiefe des Wesens,
still und täglich,
wie der Gesang der Sphären.

Robert Musil

Innere Ruhe

Manche versteifen sich darauf,
durch Meditation oder Nachdenken
voranzukommen.
Dabei bauen sie zu sehr
auf ihre eigenen Kräfte.
Das ist ein Fehler, denn in der Macht
des Geistes leitet Gott den Menschen auf
einem anderen, durchaus verschiedenen
Weg, dem der Kontemplation.
Der eine ist der Weg
vergegenwärtigenden Nachdenkens,
der andere hat nichts mit Betrachten
und Überlegung zu tun.
Man muss dem Inneren
die entspannte Ruhe zugestehen,
auch wenn wir überzeugt sind,
die Zeit mit Nichtstun zu verlieren.
Das Einzige, was man in diesem Zustand
tun kann,
ist dies:
Man soll das Innere frei lassen
von Wahrnehmungen und Gedanken,
Meditationen und Erwägungen
und sich ausschließlich hingeben
an ein liebevolles
und friedliches Innewerden Gottes.

Johannes vom Kreuz

Gelassenheit

Stets achtete ich die Gelassenheit
für eines der höchsten Güter,
welche der Mensch
auf dieser Erde erringen kann;
aber die Gelassenheit
unter allen Umständen,
die Gelassenheit jedem Wesen
und Dinge gegenüber,
die Gelassenheit in jeder Lage,
sei sie bequem oder unbequem,
drohend oder lächelnd,
gut oder böse.

Wilhelm Raabe

Suchen

Wenn man Ruhe
nicht in sich selbst findet,
ist es umsonst,
sie anderswo zu suchen.

Francois de La Rochefoucauld

Stille

Es gibt eine Stille,
in der man meint,
man müsse
die einzelnen Minuten hören,
wie sie in den Ozean der Ewigkeit
hinuntertropfen.

Adalbert Stifter

Das wahre Selbst

Nicht alle Menschen
sind dazu berufen,
Einsiedler zu sein,
aber alle Menschen brauchen
ein genügendes Maß an Schweigen
und Einsamkeit in ihrem Leben,
um der tief inneren Stimme
ihres eigenen wahren Selbst
die Möglichkeit zu geben,
sich zumindest von Zeit zu Zeit
bemerkbar zu machen.

Thomas Merton

In Ewigkeit

Man muss so leben,
als habe man nur noch
eine Stunde Zeit
und könne nur
das Allerwichtigste
erledigen.
Und gleichzeitig so,
als werde man das, was man tut,
bis in alle Ewigkeit fortsetzen.

Leo Tolstoi

Mögest du
Gelassenheit für
deine Seele finden

Erleichterung

Jede beliebige Stunde des Tages
gewährt dir doch die Möglichkeit,
dich in dich selbst zurückzuziehen!
Nirgendwo sonst gibt es
einen ruhigeren Ort,
an den sich ein Mensch flüchten
könnte, als die eigene Seele,
besonders für jenen,
der in sich die Werte bewahrt,
deren Schau ihm sofort
Erleichterung schenkt.

Marc Aurel

Traut den Tränen

In der Tiefe eurer
Hoffnungen und Wünsche
liegt euer stilles Wissen
um das Jenseits.
Und wie Samen,
der unter dem Schnee träumt,
träumt euer Herz vom Frühling.
Traut den Träumen,
denn in ihnen ist das Tor
zur Ewigkeit verborgen.

Khalil Gibran

Stille und Vertrauen

Nur in Umkehr und Ruhe
liegt eure Rettung,
nur Stille und Vertrauen
verleihen euch Kraft.

Jesaja 30,15

40

Höre auf die Stille

Merk auf dieses feine,
unaufhörliche Geräusch;
es ist die Stille.
Horch auf das, was man hört,
wenn man nichts vernimmt.

Paul Valery

Schönheit der Natur

Die Natur breitet ihre Arme
für uns aus
und lädt uns ein,
uns an ihrer Schönheit
zu erfreuen.
Wir aber fürchten
ihr Schweigen und eilen
in die beengten Städte
und drängen uns zusammen
wie Schafe auf der Flucht
vor dem wilden Wolf.

Khalil Gibran

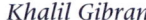

Aufstehen

Menschen fragen manchmal,
was Mönche
in einem Kloster tun.
Die Antwort lautet:
Wir fallen und stehen auf,
wir fallen und stehen auf,
und abermals fallen wir
und stehen wieder auf.
Und wir finden
die Stärke aufzustehen,
indem wir Gott
unsere Schwäche bekennen.

Pachomius

Achte gut auf diesen Tag

Achte gut auf diesen Tag
denn er ist das Leben –
das Leben allen Lebens.
In seinem kurzen Ablauf
liegt alle Wirklichkeit
und Wahrheit des Daseins,
die Wonne des Wachsens,
die Herrlichkeit der Kraft.
Denn das Gestern ist nichts als ein Traum
und das Morgen nur eine Vision.
Das Heute jedoch – recht gelebt –
macht jedes Gestern
zu einem Traum voller Glück
und das Morgen
zu einer Vision voller Hoffnung.
Darum achte gut auf diesen Tag.

Aus dem Sanskrit

Nicht beklagen

Wollen wir uns über die Zeit beklagen?
Nicht die Zeiten sind gut oder schlecht.
Wie wir sind, so sind auch die Zeiten.
Jeder schafft sich selber seine Zeit!
Lebt er gut, so ist auch die Zeit gut,
die ihn umgibt!
Ringen wir mit der Zeit, gestalten wir
sie!
Und aus allen Zeiten werden heilige
Zeiten.

Aurelius Augustinus

Augen der Kinder

Drei Dinge sind uns
aus dem Paradies geblieben:
die Sterne der Nacht,
die Blumen des Tages
und die Augen
der Kinder.

Dante Alighieri

Lebenskunst

Leicht zu leben
ohne Leichtsinn,
heiter zu sein
ohne Ausgelassenheit,
Mut zu haben
ohne Übermut,
das ist die Kunst des Lebens.

Theodor Fontane

47

Frieden in der Seele

Zieh dich in dich selbst zurück!
Die in uns zur Herrschaft
bestimmte Vernunft
ist darauf angelegt,
ihr Genügen in sich selbst
zu finden,
wenn sie das Rechte tut
und dabei Frieden
in der Seele hat.

Marc Aurel

Gegenwart Gottes

Es ist ein großer Irrtum
zu glauben,
die Zeit des Betens
müsse sich von der übrigen Zeit
unterscheiden.
Nein! Es ist uns aufgegeben,
bei Gott zu sein
in der Zeit des Gebetes
durch das Gebet.
Beten ist nichts anderes, als in
der Gegenwart Gottes zu leben.

Lorenz von der Auferstehung

Stimme der Natur

Wer der
Stimme in
seiner Brust folgt,
der wird seine
Bestimmung nicht
verfehlen, dem wächst
ein Baum aus der Seele,
aus dem jede Tugend
und jede Kraft blüht und der
die schönsten Eigenschaften
wie köstliche Äpfel trägt,
und Religion,
die ihm nicht im Weg ist,
sondern seiner Natur angemessen,
wer aber dieser Stimme
nicht horcht,
der ist blind und taub
und muss sich von andern
hinführen lassen,
wo ihre Vorurteile
sie selbst hinverbannen.

Bettina von Arnim

51

Segensgebet

Der Herr sei neben dir,
um dich zu bewahren
vor den Gefahren dieses Lebens.
Der Herr sei unter dir,
um dich aufzufangen,
wenn du fällst.
Der Herr sei in dir,
um dich zu trösten,
wenn du traurig bist.
Der Herr sei um dich herum,
um dich zu schützen.
Der Herr sei über dir,
um dich zu segnen.
So segne dich der gütige Gott.

Altchristliches Segensgebet

Morgengebet

Gott, ich werfe meine Freude
wie Vögel an den Himmel.
Die Nacht ist verflattert,
und ich freue mich
am Licht der ersten Strahlen …
Was da aus uns kommt,
was da in uns ist an diesem Morgen,
das ist Dank …
Gott, ich freue mich an der Schöpfung
und dass du dahinter bist
und daneben und davor und in uns.
Ich freue mich, Herr,
ich freue mich und freue mich.
Die Psalmen singen von deiner Liebe,
die Propheten verkündigen sie,
denn jeder Tag ist ein Zeichen
deiner Gnade.

Afrikanisches Morgengebet

Wechsel

Man sieht die Blumen welken
und die Blätter fallen,
aber man sieht auch
Früchte reifen
und neue Knospen keimen.
Das Leben gehört
den Lebendigen an,
und wer lebt,
muss auf Wechsel
gefasst sein.

Johann Wolfgang von Goethe

Seligkeit der Liebe

Die Liebe ist
schließlich das Glück
und der Trost unseres Lebens.
Wer nur sich selbst sucht,
wird auch nur
sich selbst finden,
und er wird vereinsamen.
Die Seligkeit
liegt in der Liebe.

Franz Sawicki

Alles hat seine Zeit

Alles hat seine Stunde.
Für jedes Geschehen unter dem Himmel
gibt es eine bestimmte Zeit:
eine Zeit zum Gebären
und eine Zeit zum Sterben,
eine Zeit zum Pflanzen
und eine Zeit zum Abernten
der Pflanzen,
eine Zeit zum Töten
und eine Zeit zum Heilen,
eine Zeit zum Niederreißen
und eine Zeit zum Bauen,
eine Zeit zum Weinen
und eine Zeit zum Lachen,
eine Zeit für die Klage
und eine Zeit für den Tanz;

eine Zeit zum Steinewerfen
und eine Zeit zum Steinesammeln,
eine Zeit zum Umarmen
und eine Zeit, die Umarmung zu lösen,
eine Zeit zum Suchen
und eine Zeit zum Verlieren,
eine Zeit zum Behalten
und eine Zeit zum Wegwerfen,
eine Zeit zum Zerreißen
und eine Zeit zum Zusammennähen,
eine Zeit zum Schweigen
und eine Zeit zum Reden,
eine Zeit zum Lieben
und eine Zeit zum Hassen,
eine Zeit für den Krieg
und eine Zeit für den Frieden.

Kohelet 3,1-8

*Freude
für deine Seele
wünsche
ich dir*

Lebensregel

Geh deinen Weg gelassen und ruhig
inmitten des Lärms und der Hast dieser
Zeit und erinnere dich,
welcher Frieden in der Stille liegt.

Erfreue dich an deinen Leistungen
ebenso wie an deinen Plänen.
Halte die Begeisterung für deinen
eigenen Beruf wach, so bescheiden
er auch sein mag;
er ist ein wahrer Besitz
in den Wechselfällen der Zeit.

Übe Vorsicht in deinen Geschäften;
denn die Welt ist voller Tricks und
Kniffe. Aber werde nicht blind für das,
was dir an Tugend begegnet;
viele Menschen streben nach hohen
Idealen; und überall ist das Leben voll
stillen Heldentums.
Sei du selbst.
Besonders heuchle keine Zuneigung.

Äußere dich nicht geringschätzig über
die Liebe; denn angesichts aller Dürre
und Ernüchterung ist sie beständig wie
das Gras.

Nimm den Rat der Jahre freundlich an,
indem du anmutig abtrittst, was dich in
der Jugend umgab.
Daher lebe in Frieden mit Gott,
wie immer du ihn dir vorstellst und
wie auch immer deine Mühen
und Erwartungen sein werden
in der lärmenden Verwirrung
des Lebens, halte Frieden mit deiner
Seele.

Aus der Lebensregel von Baltimore, 1692

Vertiefung

Du kannst dein Leben nicht
verlängern noch verbreitern,
nur vertiefen.

Gorch Fock

Glück

Das Lächeln,
das du aussendest,
kehrt zu dir zurück –
als Glück.

Aus Indien

Hingabe

All das Gute der Natur
gehört der Seele
und bleibt ihr Eigentum,
wenn sie es
mit der gesetzlichen Münze
der Natur bezahlt hat,
das heißt
mit der entsprechenden
Hingabe von Herz und Hirn.

Ralph Waldo Emerson

Kleinod

Die Ruhe der Seele
ist ein herrliches Ding
und die Freude an sich selbst.

Lieber Freund,
wenn nur das Kleinod
nicht eben so zerbrechlich wäre,
als es schön und kostbar ist.

Johann Wolfgang von Goethe

Zurückziehen

Die Vögel haben ihre Nester
in den Bäumen
und ziehen sich dorthin zurück,
sooft sie es brauchen.
Die Hirsche haben
ihre Gebüsche und Lager,
wo sie ruhen
und in der Hitze des Sommers
kühlen Schatten genießen.
Ebenso müssen auch wir
jeden Tag
einen Ort besitzen,
an den wir uns
stets zurückziehen
und an dem wir Erholung
vom Drang der Geschäfte
finden können.

Franz von Sales

Zeit

Wer zwingen will die Zeit,
den wird sie selbst zwingen.
Wer sie gewähren lässt,
dem wird sie Rosen bringen.

Friedrich Rückert

Reichtum

Zeit und Muße sind
wie zwei Seiten einer kleinen Münze.
Sie zu missachten
heißt Reichtum verzichten..

Anton Kner

In Dankbarkeit

Da die Gaben Gottes
gar verschieden sind
und nicht alle Menschen
die gleichen Gaben erhalten,
soll jeder auf die
ihm von Gott
verliehenen Gaben
sorgsam achthaben
und sie mit großer Dankbarkeit
zu Gott zurückgießen.

Mechthild von Hackeborn

Die Größe Gottes

Bedenke,
dass die Biene
es nicht versäumt
auszufliegen,
um den Nektar
der Blüten zu sammeln.
Genauso muss es die Seele
mit der Selbsterkenntnis halten.
Glaubt es mir
und fliegt zuweilen aus,
um die Größe Gottes zu betrachten.

Teresa von Ávila

Gönne dich dir selbst

Wenn also alle Menschen ein Recht auf
dich haben, dann sei auch du selbst ein
Mensch, der ein Recht auf sich selbst
hat. Warum sollest einzig du selbst nichts
von dir haben? Wie lange noch schenkst
du allen anderen deine Aufmerksamkeit,
nur nicht dir selber!

Ja, wer mit sich selbst schlecht umgeht,
wem kann der gut sein?
Denk also daran: Gönne dich dir selbst.
Ich sag nicht: Tu das immer,
ich sage nicht: Tu das oft,
aber ich sage: Tu es immer
wieder einmal.
Sei wie für alle anderen auch für dich
selbst da, oder jedenfalls sei es
nach allen anderen.

Bernhard von Clairvaux

Zu sich selbst kommen

Es ist die Aufgabe
eines jeden Menschen,
zu sich selbst zu kommen,
das innerste Wesen
seines Ichs zu entdecken.
Wie man dorthin gelangen kann
und mit welchen Erfahrungen
diese Entdeckung zusammenhängt,
ist und bleibt aber ein Geheimnis.

Edith Stein

Bewahre deine Seele

Eine Seele ohne Schweigen
ist wie eine Stadt ohne Schutz
und wer das Schweigen pflegt,
bewahrt seine Seele.

Therese von Lisieux

Die kleinen Dinge

Wer gesammelt
in der Tiefe lebt,
der sieht auch die kleinen Dinge
in großen Zusammenhängen.

Edith Stein

Sehen

Wir alle kennen das Glück;
einige sehen es jahraus, jahrein,
andere nur in gewissen Jahren,
an einem einzigen Tag,
ja, es gibt Menschen,
die es nur ein einziges Mal
in ihrem Leben sehen,
aber wir sehen es alle.

Hans Christian Andersen

Das Geheimnis der Liebe

Geben in Liebe
heißt nie verlieren;
und wenn man Liebe
nicht schenken könnte,
wenn man sie nicht hätte,
so hat man sie erst,
wenn man sie schenkt.
Die Liebe allein versteht
das Geheimnis,
andere zu beschenken
und dabei selbst
reich zu werden.

Aurelius Augustinus

Hier und jetzt

Blicke dich nicht um.
Und träume nicht
von der Zukunft.
Sie wird dir weder
die Vergangenheit zurückgeben
noch andere Glücksträume erfüllen.
Deine Pflicht und deine Belohnung
– dein Schicksal –
sind hier und jetzt.

Dag Hammarskjöld

Ruhe für die Seele

Im Zustand des Schweigens
findet die Seele ihren Weg
in einem klaren Licht. Alles Trügerische
und alle Täuschung
lösen sich auf
in kristallene Klarheit.
 Die Seele braucht Ruhe,
um zu ihrer vollen Größe
zu gelangen.

Mahatma Gandhi

Schönheit

Die Menschen sind
zur Schönheit berufen:
der Geist,
Schönheit zu denken,
die Augen,
Schönheit zu sehen,
das Herz,
Schönheit in die Welt zu tragen.

Schöpfungslied der Taos-Indianer

Talente

Gott hat jedem Menschen
die Fähigkeit verliehen,
etwas zu erreichen.
Keinen Menschen hat er
ohne alle Talente gelassen.

Martin Luther King

Dekalog der Gelassenheit

1
Heute, nur heute
werde ich mich bemühen,
den Tag zu leben, ohne die Probleme
meines Lebens auf einmal lösen
zu wollen.

2
Heute, nur heute
werde ich auf ein zurückhaltendes
Auftreten achten:
Ich werde niemanden kritisieren,
ich werde nicht danach streben,
die anderen zu korrigieren oder zu
verbessern – nur mich selbst.

3

Heute, nur heute
werde ich in der Gewissheit glücklich
sein, dass ich für das Glück geschaffen
bin – nicht nur für die andere, sondern
auch für diese Welt.

4

Heute, nur heute
werde ich mich an die Umstände
anpassen, ohne zu verlangen, dass
die Umstände sich meinen Wünschen
anpassen.

5

Heute, nur heute
werde ich zehn Minuten meiner Zeit
einer guten Lektüre widmen;
wie die Nahrung für das leibliche Leben
notwendig ist, so ist die gute Lektüre
notwendig für das Leben der Seele.

6
Heute, nur heute
werde ich eine gute Tat vollbringen,
und ich werde es niemandem erzählen.

7
Heute, nur heute
werde ich etwas tun, wozu ich eigentlich
keine Lust habe;
sollte ich es als eine Zumutung
empfinden, werde ich dafür sorgen,
dass niemand es merkt.

8
Heute, nur heute
werde ich ein genaues Tagesprogramm
aufstellen.
Vielleicht halte ich mich nicht genau
daran, aber ich werde es aufsetzen.
Und ich werde mich vor zwei Übeln
hüten: vor der Hetze und vor
der Unentschlossenheit.

9

Heute, nur heute
werde ich fest daran glauben –
selbst wenn die Umstände mir das
Gegenteil zeigen sollten –,
dass die gütige Vorsehung Gottes sich
um mich kümmert, als gäbe es sonst
niemanden auf der Welt.

10

Heute, nur heute
werde ich keine Angst haben.
Ganz besonders werde ich keine Angst
haben, mich an allem zu freuen, was
schön ist, und an die Güte glauben.

Johannes XXIII.

Geduld und Weisheit

Wo Liebe ist und Weisheit,
ist nicht Furcht noch Ungewissheit.
Wo Geduld ist und Demut,
ist nicht Zorn noch Erregung.
Wo Armut ist und Freude,
ist nicht Gier noch Geiz.

Franz von Assisi

Weisheit

Herr, gib mir die Kraft
zu ändern, was ich ändern kann,
die Demut, anzunehmen,
was sich nicht ändern lässt,
und die Weisheit,
zwischen beidem zu unterscheiden!

Friedrich Oettinger

Genießen

Mit dem Glück
muss man es machen
wie mit der Gesundheit:
Es genießen,
wenn es günstig ist,
Geduld haben,
wenn es ungünstig ist,
und zu gewaltsamen Mitteln
nur im äußersten Notfall greifen.

François de La Rochefoucauld

Liebe

Wenn du eine Stunde lang
glücklich sein willst,
schlafe.
Wenn du einen Tag
glücklich sein willst,
geh fischen.
Wenn du ein Jahr lang
glücklich sein willst,
habe ein Vermögen.
Wenn du ein Leben lang
glücklich sein willst,
liebe deine Arbeit.

Aus China

Segenswunsch

Ich wünsche dir
die Fröhlichkeit
eines Vogels
im Ebereschenbaum am Morgen,
die Lebensfreude
eines Fohlens
auf der Koppel am Mittag,
die Gelassenheit
eines Schafes
auf der Weide am Abend.

Altirischer Segenswunsch

Herausforderung Leben

Das Leben ist eine Chance
– nutze sie.
Das Leben ist Schönheit
– bewundere sie.
Das Leben ist Seligkeit
– genieße sie.
Das Leben ist ein Traum
– verwirkliche ihn.
Das Leben ist eine Herausforderung
– stelle dich ihr.

Mutter Teresa

Erfreuen

Es kommt nicht darauf an,
viel zu denken,
sondern viel zu lieben.
Darum tut das,
was am meisten Liebe
in euch erweckt.

Aber vielleicht
wissen wir gar nicht,
was Liebe ist?
Das würde mich
nicht wundern.
Liebe besteht nicht
in dem größeren Genuss,
sondern in der
größeren Entschlossenheit,
Gott und den Nächsten
erfreuen zu wollen.

Teresa von Ávila

Bescheidenheit

Herr! Schicke, was du willst,
ein Liebes oder Leides;
ich bin vergnügt, dass beides
aus deinen Händen quillt.
Wollest mit Freuden
und wollest mit Leiden
mich nicht überschütten!
Doch in der Mitten
liegt holdes Bescheiden.

Eduard Mörike

Das Große

In seiner Güte schuf Gott das Nützliche,
in seiner Weisheit das Schöne,
in seiner Macht das Große.

Basilius der Große

Harmonie

Das höchste Gut
ist die Harmonie der Seele
mit sich selbst.

Seneca d. J.

Frieden

Ich wünsche dir
den Frieden
der Meeresdünung,
den Frieden
einer sanften Brise,
den Frieden
der schweigsamen Erde,
den Frieden
einer klaren Sternennacht.
Ich wünsche dir
den Frieden Jesu Christi,
der unser Friede ist
für alle Zeit.

Irischer Segenswunsch

Ohne Sorgen

Weit wanderte ich
ins Gebirge und
wohnte in einer Stille
ohne Laute,
wo es sich
bis zum Himmel erhebt,
von Schweigen umhüllt.
Am Fuß der großen Kiefer
saß ich als bescheidner Mönch
in einer Hütte,
frei und heiteren Sinns.
Voll Reinheit und Lauterkeit
ist dies ruhige Leben
ohne Sorgen!

Altchinesisches Zen-Gedicht

Die Stille der Natur

Es lohnt sich,
geduldig zu beobachten,
was in der Seele
im Stillen geschieht,
und es geschieht
das meiste und Beste,
wenn es nicht von außen und oben
hineinreglementiert wird.
Ich gestehe es gerne:
Ich habe eine solche Hochachtung
vor dem,
was in der menschlichen Seele
geschieht, dass ich mich scheuen
würde,
das stille Walten der Natur
durch täppische Zugriffe zu stören
und zu entstellen.

C. G. Jung

Spiegel der Dinge

Ist das Wasser bereits klar,
solange es ruhig ist,
um wie viel klarer
ist dann der Geist!
So ruhig ist das Herz
des Weisen,
dass es Himmel und Erde
zum Spiegel wird
– zum Spiegel aller Dinge.
Der Mensch besieht
sein Spiegelbild
nicht im fließenden Wasser,
sondern im stillen Wasser.

Dschuang Dsi

Wandlung

Leben heißt sich wandeln;
und vollkommen sein heißt,
sich oft gewandelt zu haben.

John Henry Newman

102

Tiefer

Ein guter Rat ist wie Schnee.
Je sanfter er fällt,
desto länger bleibt er liegen
und desto tiefer dringt er ein.

Simone Signoret

Freude

Wenn ich mit offenen Augen betrachte,
was du, mein Gott, geschaffen hast,
besitze ich hier schon den Himmel.

Ruhig sammle ich im Schoß
Rosen und Lilien und alles Grün,
während ich deine Werke preise.

Dir schreibe ich deine Werke zu.
Freude entspringt der Traurigkeit,
und die Freude macht glücklich.

Hildegard von Bingen

Glück und Freude

Für uns gilt dasselbe
wie für das Schilf,
das vom Wasser
niedergebogen wird,
und ohne es zu verletzen,
fließt das Wasser
darüber hinweg.
Wenn das Hochwasser fällt,
richtet das Rohr
sich wieder auf
und wächst
und wird stärker
und ist voll Glück und Freude.

Elisabeth von Thüringen

Glück für die Seele
wünsche ich dir

Von den Dingen

Man muss den Dingen
die eigene, stille,
ungestörte Entwicklung lassen,
die tief von innen kommt,
und durch nichts gedrängt
oder beschleunigt werden kann;
alles ist austragen –
und dann gebären …
Reifen wie der Baum,
der seine Säfte nicht drängt
und getrost in den Stürmen
des Frühlings steht,
ohne Angst,
dass dahinter kein Sommer
kommen könnte.
Er kommt doch!
Aber er kommt nur zu den Geduldigen,
die da sind,
als ob die Ewigkeit vor ihnen läge,
so sorglos still und weit …

Rainer Maria Rilke

Ernte

Alles fügt sich
und erfüllt sich,
musst es nur
erwarten können
und dem Werden
deines Glücks
Jahr und Felder
reichlich gönnen.
Bis du eines Tages
jenen reifen Duft
der Körner spürest
und dich aufmachst und die Ernte
in die tiefen Speicher führest.

Christian Morgenstern

Unverlierbar

Blumen fragen nicht,
wo und wie sie blühen sollen;
sie haben es in sich.
Dein Glück muss in dir selber wurzeln,
damit es unverlierbar wird.

Elmar Gruber

Das Leichte

Wähle den Weg
über die Bäche
und stürze dich nicht gleich
in das Meer!
Man muss durch das Leichtere
zum Schwierigen gelangen.

Thomas von Aquin

Für andere

Ein Ziel im Leben
gibt das Glück.
Wenn ihr also möchtet,
dass eure Kinder
glücklich sind,
dann zeigt ihnen
dieses Ziel,
dann legt
den erhabenen Gedanken
in ihr Herz,
dass ein solches Ziel
nur die Arbeit
für andere sein kann.

Janusz Korczak

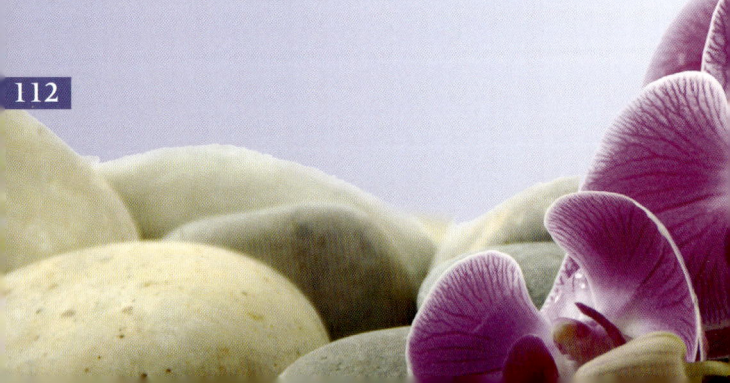

Achtsamkeit

Eine heilige Aufmerksamkeit
sollen wir
für uns selber haben
und zu allen Zeiten
in uns tragen,
dass wir uns
vor Gebrechen bewahren.
Eine liebevolle
Aufmerksamkeit
sollen wir für
unsere Mitmenschen haben.
Ihnen die Fehler wohlmeinend
allein offenbaren.

Mechthild von Magdeburg

Die Zeit geht nicht

Die Zeit geht nicht, sie stehet still,
Wir ziehen durch sie hin;
Sie ist ein Karavanserai,
Wir sind die Pilger drin.

Ein Etwas, form- und farbenlos,
Das nur Gestalt gewinnt,
Wo ihr drin auf und nieder taucht,
Bis wieder ihr zerrinnt.

Es blitzt ein Tropfen Morgentau
Im Strahl des Sonnenlichts;
Ein Tag kann eine Perle sein
Und ein Jahrhundert nichts.

Es ist ein weißes Pergament
Die Zeit und jeder schreibt
Mit seinem roten Blut darauf,
Bis ihn der Strom vertreibt.

An dich, du wunderbare Welt,
Du Schönheit ohne End,
Auch ich schreib
meinen Liebesbrief
Auf dieses Pergament.

Froh bin ich, dass ich aufgeblüht
In deinem runden Kranz;
Zum Dank trüb ich
die Quelle nicht
Und lobe deinen Glanz.

Gottfried Keller

Zu ihrem Besten

Wie glücklich
sind doch die Kinder Gottes,
die sich ganz auf
seine Vorsehung verlassen!
Ihnen kann nichts geschehen,
was nicht zu ihrem Besten wäre.

Johanna Franziska von Chantal

Glück und Freude

Ein glückliches Leben
ist der Genuss der Gegenwart,
das ewige Leben
ist die Hoffnung der Zukunft.

Ambrosius

Gebet

Herr, du weißt,
dass ich von Tag zu Tag älter werde –
und eines Tages alt bin. Bewahre mich
vor dem Drang, bei jeder Gelegenheit
etwas sagen zu müssen.
Erlöse mich von der großen
Leidenschaft, die Angelegenheiten
anderer ordnen zu wollen.
Lehre mich, nachdenklich und hilfreich,
aber nicht beherrschend zu sein.
Lehre mich schweigen über meine
Krankheiten und Beschwerden. Sie nehmen zu und die Lust, sie zu beschreiben,
wächst von Jahr zu Jahr.

Ich erflehe nicht die Gabe, Krankheits-
schilderungen anderer mit Genuss zu
lauschen.
Aber lehre mich, sie wenigstens geduldig
zu ertragen.
Lehre mich die wunderbare Weisheit,
dass ich mich irren kann.
Erhalte mich so liebenswert wie möglich.
Ich möchte kein Griesgram sein, aber
auch keine Heilige,
denn mit ihnen lebt es sich so schwer.

Nach Teresa von Ávila

Annäherung

Ich lebe mein Leben
in wachsenden Ringen,
die sich über die Dinge zieh'n.
Ich werde den letzten
vielleicht nicht vollbringen,
aber versuchen will ich ihn.
Ich kreise um Gott,
um den uralten Turm,
und kreise jahrtausendelang;
und ich weiß noch nicht:
bin ich ein Falke, ein Sturm
oder ein großer Gesang.

Rainer Maria Rilke

Was wir in uns tragen

Alles, was wir brauchen,
ist tief in uns verborgen
und wartet darauf,
sich zu entfalten.
Wir müssen nichts tun,
außer still werden
und uns Zeit nehmen,
um nach dem zu suchen,
was wir in uns tragen.

Eileen Caddy

Sinn des Lebens

Wer Bäume setzt,
obwohl er weiß,
dass er nie
in ihrem Schatten sitzen wird,
hat zumindest angefangen,
den Sinn des Lebens
zu begreifen.

Rabindranath Tagore

Zugang zu Gott

Meditation,
die der Seele Frieden gibt.
Das Gebet,
durch das sie erleuchtet wird
und das Licht der Weisheit
wahrnehmen kann.
Die innere Betrachtung,
die den Zugang zu Gott eröffnet.

Bonaventura

Dank

Ich danke meinem Gott,
dass er mir
das Glück gegönnt hat,
ihn als Schlüssel
zu unserer wahren Glückseligkeit
kennenzulernen.
Ich lege mich nie zu Bett,
ohne zu bedenken,
dass ich vielleicht
den anderen Tag
nicht mehr sein werde,
und es wird doch
kein Mensch sagen können,
dass ich im Umgang
mürrisch und traurig wäre.
Für die Glückseligkeit
danke ich alle Tage
meinem Schöpfer.

Wolfgang Amadeus Mozart

Gelingen

Will das Glück
nach seinem Sinn
dir was Gutes schenken,
sage Dank und nimm es hin
ohne viel Bedenken.
Jede Gabe sei begrüßt,
doch vor allen Dingen:
Das, worum du dich bemühst,
möge dir gelingen!

Wilhelm Busch

Möge deine Seele
die Stille genießen

Gedanken

Wenn es nur einmal
so ganz stille wäre.
Wenn das Zufällige
und Ungefähre
verstummte
und das nachbarliche
Lachen,
wenn das Geräusch,
das meine Sinne machen,
mich nicht so sehr verhinderte
am Wachen –:
Dann könnte ich
in einem tausendfachen Gedanken
bis an deinen Rand dich denken
und dich besitzen
(nur ein Lächeln lang),
um dich an alles Leben
zu verschenken
wie einen Dank.

Rainer Maria Rilke

Geheimnisvolle Tiefen

Hört die innere Stimme;
seid bestrebt,
mehr von innen heraus
die Stimme Gottes
als von außen
die Stimme des Menschen
zu vernehmen.
Jene Stimme ist ja
voll Herrlichkeit und Kraft;
sie erschüttert die einsame Wüste,
durchdringt
die geheimnisvollen Tiefen und
rüttelt die Seelen
aus der starren Stumpfheit auf.

Bernhard von Clairvaux

Stille

Es kommt auf die Stille
in der Seele des Menschen an
und auf die Seele des Menschen,
in der diese Stille ihren Sitz hat

Antoine de Saint-Exupéry

Glückliche Welt

Wer zum Glück in der Welt
beitragen möchte,
der sorge zunächst einmal
für eine glückliche Atmosphäre
im eigenen Haus

Albert Schweitzer

131

Reifer werden

Gott gibt selbst
einer guten Sache
nicht immer gleich Erfolg,
damit jene
an Verdienst wachsen, die sich
um das gute Werk bemühen.
Die Länge der Arbeit,
die Geduld und das Beten
lassen sie reifer werden.

Vinzenz von Paul

Zukunft in Gott

Willst du dir ein hübsch Leben zimmern,
musst dich ums Vergangne
nicht bekümmern;
das wenigste muss dich verdrießen;
musst stets die Gegenwart genießen,
besonders keinen Menschen hassen
und die Zukunft Gott überlassen.

Johann Wolfgang von Goethe

Offene Tiefe

Das Glück kommt zu denen,
die es erwarten.
Nur müssen sie
die Tür offen halten.

Thomas Mann

Unsichtbare Welt

Die allein sind imstande,
wahrhaft diese Welt zu genießen,
die mit der unsichtbaren Welt beginnen.

John Henry Newman

Wach sein

Wenn Sie sich an die Natur
halten, an das Einfache in ihr,
an das Kleine, das kaum einer
sieht, und das so unversehens
zum Großen und
Unermesslichen
werden kann;
wenn Sie diese Liebe haben
zu dem Geringen und ganz schlicht
als ein Dienender das Vertrauen
dessen zu gewinnen suchen, was
arm scheint: dann wird Ihnen
alles leichter, einheitlicher und
irgendwie versöhnender werden,
nicht im Verstande vielleicht, der
staunend zurückbleibt, aber in
Ihrem innersten Bewusstsein,
Wachsein und Wissen.

Rainer Maria Rilke

Geduld

Ich möchte Sie bitten, Geduld
zu haben gegen alles Ungelöste in
Ihrem Herzen und zu versuchen,
die Fragen selbst lieb zu haben wie
verschlossene Stuben und wie
Bücher,
die in einer sehr fremden
Sprache geschrieben sind.
Forschen Sie jetzt nicht nach
den Antworten, die Ihnen
nicht gegeben werden können,
weil Sie sie nicht leben könnten.
Und es handelt sich darum, alles
zu leben. Leben Sie jetzt die
Fragen.
Vielleicht leben Sie dann
allmählich, ohne es zu merken,
eines fernen Tages in die Antwort
hinein.

Rainer Maria Rilke

Ihre Wege

Wenn die Liebe dir winkt,
folge ihr,
sind ihre Wege
auch schwer und steil.
Und wenn ihre Flügel
dich umhüllen,
schenke dich ihr hin,
auch wenn das versteckte Schwert
unter dem Gefieder
dich verwunden kann.

Khalil Gibran

Das wahre Glück

Eine Blume,
die sich schließt,
macht keinen Lärm dabei.
Auf leisen Sohlen
wandeln die Schönheit,
das wahre Glück
und das echte Heldentum.
Unbemerkt kommt alles,
was Dauer haben wird.

Wilhelm Raabe

Gelingen

Nicht die Art der Tätigkeit
macht glücklich,
sondern die Freude
des Schaffens und Gelingens.

Carl Hilty

Glückliches Leben

Vergiss nicht:
Man benötigt nur wenig,
um ein glückliches Leben
zu führen!

Marc Aurel

Wunsch

Man nehme zwölf Monate,
putze sie sauber von Bitterkeit, Geiz,
Pedanterie und Angst und zerlege
jeden Monat in 30 oder 31 Teile,
sodass der Vorrat genau für ein Jahr
reicht. Jeder Tag wird einzeln an-
gerichtet aus einem Teil Arbeit und zwei
Teilen Frohsinn und Humor. Man füge
drei gehäufte Esslöffel Optimismus hin-
zu, einen Teelöffel Toleranz, ein Körn-
chen Ironie und eine Prise Takt.

Dann wird die Masse sehr reichlich
mit Liebe übergossen.
Das fertige Gericht schmücke man mit
Sträußchen kleiner Aufmerksamkeiten
und serviere es täglich mit Heiterkeit
und mit einer guten
erquickenden Tasse Tee …

Catharina Elisabeth Goethe

Träume

Wenigstens nachts
lass dein Herz ruhen …
Wenigstens nachts hör auf zu rennen;
besänftige die Wünsche,
die dich verrückt machen;
versuch, deine Träume
schlafen zu lassen.
Gib dich preis, Leib und Seele,
endgültig, in Gottes Hände.

Dom Hélder Câmara

Quellenverzeichnis

Fotonachweis